Jamaican Sayings

Success

Other titles in the series:

Jamaican Sayings
Life

Jamaican Sayings
Character

Andrea Campbell

I am grateful to my family

– Richmond and Shari –

for their love and support without which

this book would not have been possible.

Jamaican Sayings

Success

Andrea M. Campbell

MBA MA

Publisher: AA Global Sourcing Ltd

Website: http://www.aaglobalsourcing.com

First Edition

First published in Great Britain in 2012 by
AA Global Sourcing Ltd

http://www.aaglobalsourcing.com

A catalogue record for this book is available from The British Library

ISBN: 978-1-4716-8882-9

Table of Contents

On the cover:

Soursop (Annona muricata)
Sinkle bible (Aloe vera)
Cannabis
Leaf of Life (Bryophyllum pinnatum)
Bitterwood (Picrasma Excelsum)

Introduction

Jamaican Sayings - Success is the third in a series of three books that capture Jamaican adages used to communicate ideas about human nature, behaviour, relationships, aspirations, health hope and survival. *Jamaican Sayings - Life* and *Jamaican Sayings - Character* complement the series.

The adages represent an archive of the wit and wisdom of many generations and aim to trigger reflection and thought. In their use they are never fully explained but those to whom they are directed usually understand their meaning based on the context in which they are used. They utilise imagery and draw upon a variety of flora and fauna to enrich their content. They hold valuable lessons, inspiration and wisdom that link Jamaican culture to its African past.

The sayings are presented in three parts:

i) the original saying;
ii) the literal English translation and
iii) the meaning it aims to convey.

Jamaican Sayings – Success also contains a number of Jamaican expressions used in everyday life. The text also consists of various folk songs: a favourite for social gatherings and official events. Not to be overlooked is the glossary of Jamaican patois and their English equivalents.

1. Ah noh same day leaf drap inna wahta ih rotten

It's not the same day that a leaf drops in water that it rots

i) Some things take time, learn to be patient;
ii) People don't suddenly change for the worse; their character takes time to develop.

2. Ah noh soh Baker buy Bowden

That is not how Baker bought Bowden

If you want a particular outcome you have to work at it; don't expect it to happen automatically.

3. Ah swif mek wass-wass noh gedder honey

It's because of haste why wasps don't gather honey

Take time to learn a job properly, then you will be able to reap appropriate rewards.

4. Begga beg from begga nebber get rich

Beggars who beg from other beggars will never get rich

Try to make friends with positive, progressive people who will inspire you to grow.

5. Big blanket mek man sleep late

A thick blanket causes a man to sleep late

Luxury invites complacency and a tendency to take life's blessings for granted.

6. Big massa gi ebery man im own mout fi swallaw im own duckunno

Big master gave every man his own mouth to swallow his own duckunno

God blessed everyone with talents which they should endeavour to use.

7. Big tree noh cut dung wid one blow

One blow is not sufficient
to cut down abig tree

Perseverance is the key; success takes time.
(Rome wasn't built in a day)

8. Bruk calabash bring new one

Break a calabash and bring a
new one

Don't waste time worrying over a failed attempt, just try again.

9 Bud cyaan fly pan one wing

Birds cannot fly on a single wing

i) People need to help each other;
ii) It is difficult to succeed all on your own.

10. Cole cyaan kibba cole

Cold cannot covercold

People with similar weaknesses cannot help each other.
(The blind can't lead the blind)

11. Count de caas before yuh mount yuh hawse

Count your cost before you mount Your horse

Ensure you understand any venture you are undertaking and plan your actions in advance.

12. Creep befoe yuh walk

Creep before you walk

In your endeavour to succeed be patient, take things in stages.

13. Dawg ah sweat but long hair hide ih

A dog is sweating but his long hair hides it

Those with money can afford to hide their weaknesses.

14. Dawg hab four foot but im cyaan walk four different way

A dog has four legs but it cannot walk in four different directions

i) There is a limit as to what money can do for you;
ii) Having more money does not bring contentment.

15. Dawg wid too much owna go ah bed hungry

Dog with too many owners go to bed without supper

There comes a time when you have to settle down and focus on your goals.
(A rolling stone gathers no moss)

16. Di bigger di fish di more butta ih tek

The bigger the fish the more butter it requires

i) Don't be overly ambitious;
ii) Big projects require more resources.

17. Di bud weh sing di bes noh mek di bes nes

The bird that sings the best does not necessarily make the best nest

Those who brag about their ability are not necessarily the best candidates for the job. (Self praise is no recommendation)

18. Di darkes paat ah night ah wen day soon lite

The darkest part of the night is just before dawn

It gets worse before it gets better.

19. Di deeper yuh dig de richer di soil

The deeper you dig, the richer the soil

The greater the effort, the richer the rewards.

20. Di man dat hab on boot mus go befoe fi mash macca

The man who is wearing boots must lead the way and trample the thorns.

Those with resources must create opportunities for those without.

21. Di moe yuh look di less yuh si

The more you look the less you see

Sometimes the information you seek is right in front of you.

22. Di race ah noh fi di swift nar di battle fi di strong but fi he who persevere to di en

The race is not for the swift or the battle for the strong, but for he who perseveres to the end

i) Perseverance is key;
ii) Don't worry about moving at a fast pace, focus instead on completing what you started.

23. Dirt noh kill nobady unless ih drop pan dem

Dirt doesn't kill anyone unless it falls on them

Don't be afraid to get your hands dirty.

24. Doan count yuh chicken befoe dem hatch

Don't count your chickens before they are hatched

It is not wise to pre-empt an outcome and make plans accordingly.

25. Doan mek yuh lef han know wah yuh right han ah du

Don't allow your left hand to know what your right hand is about

i) Keep your secrets to yourself;
ii) Don't disclose everything even to those nearest and dearest to you.

26. Doan run befoe yuh walk

Don't run before you walk

i) Take things in stages;
ii) Don't ignore the early steps.

27. Donkey seh di worl noh level

The donkey says that the world is not level

i) Some people enjoy an unfair advantage in life;
ii) Life has its ups and downs.

28. Du someting befoe someting du yu

Do something before
something is done to you

Don't be lazy; get busy!

29. Ebery dawg ha im day an ebery puss im four o' clock

Every dog has its day and every cat its four o' clock

Everyone has his time to shine.

30. Ebery day ah fishing-day but noh ebery day fi ketch fish

You may go fishing every day, but some days you will not catch any fish at all

Don't always expect your efforts to yield rewards.

31. Ebery mickle mek a muckle

Every bit adds up

Every little counts.

32. Ebery spwoil mek a style

Every spoil makes a style

Every spoilt situation is an opportunity to be creative.

33. Ebery time rain set jancro seh im ah go mek house

Every time the rain sets the crow says he is going to make a house

Stop procrastinating before it's too late.

34. Empty bag cyaan stan up

An empty bag cannot stand up

A hungry worker won't do a good job.

35. Falla fashan monkey nebber bwoile a good soup yet

A follow fashion monkey has never made a good soup

The copy is never as good as the original.

36. Fool-fool dawg bark at flying bud

A foolish dog barks at a flying bird

Don't waste time pining after someone who has no interest in you or after something that is simply out of your reach.

37. Fool-fool pickney mek fowl get weh from im two time

A foolish child allows a fowl to escape on a second occasion

Only a fool allows himself to be tricked in the same way over and over.

38. Fowl agree fi hatch duck egg but im noh agree fi teach duck pickney fi swim

A fowl agrees to hatch a duck's egg but doesn't agree to teach the duckling to swim

People will help you to a certain point, after that it's up to you to help yourself.

39. Fry di big fish fus di lilly one afta

Fry the big fish first and then the smaller ones

Know what your priorities are.

40. Good fowl a gaah market sensé fowl pick up demself deh follow back a dem

A good fowl is going to a market, a sensé fowl follows in tow

i) People of a lower social class people endeavour to associate themselves with those perceived to be higher up the social ladder;
ii) Those without money often try to emulate those who have.

41. Good fren betta dan packit money

A good friend is better than pocket money

Be appreciative of your friends; don't take them for granted.

42. Great good nebber get by likkle pain

A great good is never achieved by little pain

Success does not come easily.

43. Haard wok noh kill nohbady

Hard work has never killed anyone

Hard work has its rewards.

44. Hase mek wase

Haste makes waste

Too much rush can make you waste your time.

45. Hat needle bun thread

A hot needle burns thread

i) Harsh behaviour causes missed opportunities, don't act on impulse;
ii) Be tactful!

46. High seat kill Miss Thomas puss

It was a high seat that killed
Miss Thomas' cat

i) Being in a high position carries its own risks;
ii) Sitting on a high seat can be dangerous (literally).

47. Hog seh di fus water im ketch im wallah

Pig says that he washes in the first
water he finds

Seize the first opportunity that presents itself.

48. Humble calf suck di most milk

A humble calf sucks the most milk

You will get more cooperation from someone if you are nice to them.

49. Hungry fowl wake soon

A fowl that is hungry wakes early

Those with basic needs, must be proactive in finding ways to satisfy them

50. Idle dawg worry sheep

An idle dog bothers sheep

Those who have nothing to do will waste their time doing silly things.

51. If cow ben know ow im troat hole tan him wouden chance pear seed

If a cow had known how his throat was he wouldn't have attempted to swallow an avocado seed

We should acknowledge our limitations and operate accordingly.

52. If dere was no fool cunnyman couldn lib

If there were no fools, conmen couldn't live

Don't allow yourself to be conned.

53. If new oe waan fi know ow grung tough mek im ax ole oe

If a new hoe wants to know how tough the ground is, he should ask an old hoe

Don't be afraid to ask more experienced people for advice.

54. If plantn ben know seh im neck woudda bruk im wouldda nebber shoot

Had the plantain known that its neck would be broken it would never have borne fruit

People should avoid venturing into territory that will bring their downfall.

55. If yuh cyaan bear di name noh play de game

If you cannot bear the name don't play the game

i) If you don't want to be blamed, keep away from shady deals;
ii) If you can't bear the consequences avoid the situation entirely.

56. If yuh cyaan find callalu tek junjo

If you can't find callalloo, use moss

If you can't have exactly what you want, use what's available.

57. If yuh cyaan hear yuh wi feel

If you cannot hear you will feel

Failure to heed advice could lead to dire consequences.

58. If yuh cyaan ketch quako yuh ketch im shut

*If you can't catch the bird,
capture its young*

If you cannot catch your target, then try holding on to the person nearest and dearest to him.

59. If yuh cyaan tek di heat get outta di kitchen

*If you cannot take the heat, get
out of the kitchen*

If you cannot take the pressure of a particular situation, find an alternative.

60. If yuh get hol ah di blade mine how yuh draw

*If you are holding the blade be careful
how you draw*

If you are at a disadvantage, consider retreating.

61. If yuh get spoon yuh wi drink soup

If you receive a spoon chances are you will drink soup

People will excel if they have the right tools and are given an opportunity.

62. If yuh hab dawg fi bark fi yuh, yuh noh need fi bark

If you have a dog to bark for you there is no need for you to do any barking

i) If you have people to work for you, why do it yourself?
ii) Those who can afford to engage manpower will do so.

63. If yuh mek yuh bed hard yuh lie on it hard

If you make your bed hard you lie on it hard

If you make wrong decisions be prepared to endure the consequences.

64. If yuh cyaan walk fast tek time run

If you cannot walk fast run slowly

If you can't find an absolute solution, consider taking the next best option.

65. If yuh nyam egg yuh mus bruk di shell fuss

If you eat eggs you must break the shell first

You will encounter and must overcome challenges if you expect to achieve great things.

66. If yuh run too fast yuh wi pass yuh place

If you run too fast you will pass your place

i) If you operate in a hurry you'll make costly mistakes;
ii) Plan and pace yourself.

67. If yuh tan ah market lang yuh wi owe debt

If you spend a long time in the market you will become indebted

Manage your money wisely and avoid the temptation to overspend.

68. If yuh trousers too short wear long braces

If your trousers are too short, wear long braces

Be aware of your shortcomings and make provisions for them.

69. If yuh waah good yuh nose haffi run

If you want good your nose must run

You have to work hard for what you want.

70. If yuh waah milk feed di goat

If you want milk, feed the goat

You have got to put something in if you want to get something out. (Encouragement sweetens labour)

71. Jankro waan go a Louan im get cool breeze im fly faster

If a crow is going to Louan he will fly faster if he gets cool breeze

People will work harder if they are encouraged and supported. (Encouragement sweetens labour)

72. Larn fi dance ah yaad befoe yuh dance abroad

Learn to dance at home before you dance abroad

Hone your skills at home before showing them off in public.

73. Likkle axe cut dung big tree

A small axe can be used
to fall a big tree

i) Size doesn't matter it's the effect that counts;
ii) Never underestimate anyone's potential!

74. Lilly kunue tan near di shore

A little canoe stays near the shore

People must be aware of their capabilities and not put themselves in undue danger.

75. Man belly full im seh anyting

When a man's belly is full he will
say anything

Those who have money can say whatever they want to say.

76. Man sleep inna fowl nes but fowl nes ah noh im bed

A man sleeps in a nest but a nest is not his bed

People devise short term solutions to their problems, but that doesn't change the fact that they have higher aspirations.

77. Masquita go ah village fi syrup but im noh always get weh im go fah

A mosquito goes to the village for syrup but it doesn't always get what it goes for

Sometimes you won't get what you want and you have to settle for less.

78. Money noh bear pon tree

Money doesn't grow on trees

You have to work if you want to achieve prosperity.

79. Monkey mus know weh im gwine put im tail before im order trousiz

A monkey must know where it's going to put its tail before it orders its trousers

Ensure that you do the appropriate planning before making important decisions.

80. Neally nebber kill di bud

Nearly never kills the bird

Complete whatever you start!

81. Nanny-goat nebber cratch im back till im si wall

A nanny goat never scratches its back until it sees a wall

Look out for opportunities and take them when they arise.

82. Noh bill bush fi monkey fi run race

Don't clear the bushes for monkeys to run races

Don't waste your time engaging in useless work.

83. Noh bite aff more dan yuh can chew

Don't bite more than you are able to chew

i) Don't overextend yourself unnecessarily;
ii) Acknowledge your limits.

84. Noh cup noh bruk noh cafee noh dash weh

No cup has been broken, no coffee has been spilled

Even when there appears to be no hope there is always the possibility that situations can change for the better.

85. Noh cuss alligetta long mout till yuh crass di river

Don't curse an alligator about his long mouth until you cross the river

Don't curse those blocking your way until you have passed them; exercise self control and be patient.

86. Noh dash weh yuh tick till yuh crass di river

Don't throw away your stick until you cross the river

Don't celebrate prematurely; it is not over until the race is won.

87. Noh ebery man breakfast ready di same time

Not every man's breakfast is ready at thesame time

People grow at different pace and achieve their goals at different moments in their lives.

88. **Noh heng yuh basket weh yuh han cyaan reach it**

Never hang your basket where you cannot reach it

Do not live beyond your means.

89. Noh heng all yuh clothes pon one nail

Don't hang all your clothes on a single nail

Always have a contingency plan.
(Don't put all your eggs in one basket)

90. Noh ketchie noh habie

If you don't catch it (yourself) you won't have it

If you want to have something you have to work for it.

91. Noh matta ow high jankro fly im haffi cum dung

It doesn't matter howhigh a crow flies,
It eventually has to come down

People at the top must be aware that one day they could find themselves at the bottom.

92. No money, no fren

No money, no friends

When you have no money no one wants to be your friend.

93. Noh wait till drum beat before yuh grine yuh axe

Do not wait until the drum beats before you grind your axe

Always be prepared.

94. Noh waste powda pan black bud

Don't waste powder on black birds

Don't waste your resources on people who are bent in their own ways - old habits die hard.

95. Nutten nebber happen befoe di time

Nothing happens before the time

There is a time for everything.

96. One bite cyaan nyam mango

One bite cannot eat a mango

You must be thorough in whatever you do; taking short cuts is not advisable.

97. One man beat di bush an annoda one ketch di bud

One man beats the bush and another one catches the bird

i) He who puts in the hard work is often denied a share of the spoils;
ii) People work in harmony in order to achieve success.

98. One-one cocoa full basket

One by one, each cocoa helps to fill a basket

Every little bit counts; don't disregard small amounts.

99. Peppa bun hot but ih good fi curry

Pepper burns a lot but it is good for curry

Some circumstances, although painful, will yield benefits in the longer term.

100. Pound ah fret cyaan pay ounce ah debt

One pound of fretting cannot repay one ounce of debt

Problems are not solved by worrying; the time spent fretting could be more gainfully spent working on solutions.

101. Pretty rose got macca jook

Pretty roses have thorns

There is always a down side to a seemingly perfect situation.

102. Promise is a comfort to a fool

A promise is a comfort to a fool

Don't rely on a promise; always have a contingency plan!

103. Provocation mek dummy man talk

Provocations make a dumb man speak

When people are in trouble or faced with challenges they are forced to be more creative.

104. Pudden cyaan bake widout fiah

You cannot bake a pudding without fire

Before assuming a task, ensure that you have the appropriate tools/resources.

105. Puss noh hab han but im tek im foot wipe im face

A cat doesn't have hands but it uses its foot to wipe its face

If you don’t have the right resources for a job, be creative and use the tools that you do have!

106. Ride an whisle

Ride and whistle

i) Don't procrastinate when you have work to do;
ii) Learn to multitask.

107. Sabe money an money wi sabe yuh

Save money and money will save you

Save for your future; don't spend all you have.

108. Saltfish siddong pon de counter ah wait fi bread an butter

Saltfish sits at the counter waiting for bread and butter

Those who are lazy will sit idly by, waiting for something to happen.

109. Scawnful dawg nyam dutty pudden

A scornful dog eats dirty pudding

Too much pride can lead to humiliation.
(Pride goes before a fall)

110. Snake seh if im no hol up im head ooman tek im tie wood

The snake said that if he doesn't hold up its head a woman will use him to tie wood

i) If you are lazy you will be vulnerable to abuse
ii) Have ambition!

111. Sometime you haffi walk roun barricade

Sometimes you have to walk around a barricade

Creative thinking enables you to circumvent obstacles you encounter in life.

112. Tan pan crooked an cut strait

Stay on crooked and cut straight

Make the best of your current situation until you can do better.

113. Tedeh fi mi tomorrow fi yuh

Today for me tomorrow for you

No-one has all the luck (your turn will come).

114. Tek one stoane kill two bud

Kill two birds with one stone

Plan your time carefully and optimise the opportunities presented to you.

115. Tek sleep mark det

Use sleep to mark death

Learn from your experiences and don't make the same mistake twice.

116. Tek wah yuh get til yuh get wah yuh want

Take what you get until you get what you want

Appreciate what you have until you are able to obtain what you want.

117. Time langa dan rope

Time is longer than rope

Be patient; time is the master.
(There is no disease that time cannot cure)

118. Too many rat nebber dig a good hole

Too many rats never dig a good hole

An oversupply of manpower for a task will adversely affect the outcome.

119. Too much callaloo mek peppa-pot stew bitter

Too much callaloo in a peppa-pot soup makes it taste bitter

Too much of a good thing can spoil everything.

120. Tree grow come catch tree an grow pass tree to

One tree grows and catches up with other trees and eventually outgrows them

Even though you may be at a disadvantage initially, you can become more successful than others who have had a head-start.

121. Tree look soun but woodpecker know wah fi du wid ih

A tree may appear sound but a woodpecker knows what to do with it

No matter how powerful you may be there is always someone who can identify and exploit your vulnerability.

122. Trousiz too big fe hawse dawg seh gimme ya

A pair of trousers is too big for horse, dog says "give it to me"

i) People must recognise their limitations;
ii) Don't assume responsibilities where those more equipped have failed.

123. Tun yuh han an mek fashan

Turn your hand and make fashion

i) Make the best use of scarce resources;
ii) Be creative!

124. Two bull cyaan reign inna one pen

Two bulls cannot live in one pen

Two leaders can't rule in the same place.

125. Two head betta dan one even if one ah cocoa head

Two heads are better than one even if one is a cocoa head

It is good to work together even if some individuals are weaker than others.

126. Walk betta dan siddong

It is better to walk than to sit

i) Every effort has its reward;
ii) It is always better to try (even if you risk failure)

127. Walk bout peteta nebber bear

A potato that has no abiding place will not grow

Find some stability in your life or it will be impossible to prosper.
(Rolling stone gathers no moss)

128. Wah ah fi yu cyaan be unfiyu

What is for you, cannot then be not yours

You will eventually receive whatever is due to you, irrespective of the time it takes.

129. Wah noh kill fatten

What doesn't kill fattens

If an experience doesn't destroy you, it makes you stronger.

130. When cow cyaan get wahta fi wash him face im tek him tongue

When a cow can't get water it washes its face with its tongue

If you lack resources, make the best use of what you have; be creative!

131. Wen dawg av money im buy cheese

When a dog has money it buys cheese

Fools squander their money on things they don't even like.

132. Wen dressa fall dung mawga dawg laugh

When a dresser falls down a meagre dog laughs

One man's loss is another man's gain.

133. Wen fish come outta sea an tell yuh alligator have fever, believe im

When a fish comes out of the sea and tells you that the alligator has fever, believe it!

Listen and learn from those who have experience. (Don't reinvent the wheel)

134. Wen one door shut annoda one open

When one door closes another one opens

There will always be opportunities for the taking; it is up to you to find them.

135. When tail cut off God Almighty brush fly

When the tail gets cut off, God Almighty brushes off the flies

God helps those who are unable to help themselves.

136. Wen water trow weh ih cyaan pick up

When water spills, it cannot be picked up

It's no use complaining or pining over
something that has already gone.
(Don't cry over spilt milk!)

137. Wen yuh cyaan get dawg fi bark yuh mus tek sheep

When you cannot get a dog to bark,
try using a sheep

i) If you don't have the ideal resources for what you want to do, try using something else;
ii) Use your creativity!

138. Wen yuh fan fly yuh hat up sore

When you fan flies, you irritate the sore

Attempting to carry out damage control
can make a bad situation worse.

139. Wilful waste woeful want

Wilful waste woeful want

If you waste resources, you will live to regret it.

140. Wise sayla cyaa more ballast dan sail

A wise sailor carries more ballast than sails

Mere words without deeds are meaningless.
(Actions speak louder than words)

141. Yuh cyaan wase shot pan blackbud - ih cyaan eat

Don't waste your resources trying to kill blackbirds – they are not edible

Don't waste your resources on people or items that will be of no use to you.

142. Yuh fraid fi yeye yuh nebber nyam head

If you are afraid of the eye you will never eat the head

If you take people's negative comments too seriously you will never succeed

143. Yuh cyaan mek blood outta stoane

It is not possible to get blood out of a stone

When resources are limited you have to make the best use of what is available.

144. Yuh cyaan plant peas an reap corn

You can't plant peas and expect to reap corn

You will reap exactly what you sow.

145. Yuh cyaan siddong pon bucket an draw water

You cannot sit on the bucket and draw water

Success is achieved not merely by having the appropriate resources, but by making good use of them.

146. Yuh lick di spoon an lose di spoonful

You lick the spoon and lose the spoonful

Don't focus on micro gains when significant spoils are available for the taking. (Penny wise, pound foolish)

147. Yuh mek yuh sail too big fi yuh boat yuh sail wi capsize yuh

If you make your sail too big for your boat your sail will cause your boat to capsize

Do not commit to performing a task that is clearly beyond your capability.

148. Yuh mus creep befoe yuh walk

You must creep before
you walk

Take things progressively in stages
(Rome wasn't built in a day)

149. Yuh noh no how parson get im gown

You do not know how parson
got his gown

Don't be envious of other people's success;
strive instead for your own success.

150. Yuh right han haffi know wah yuh lef han ah du

Your right hand has to know what your
left hand is doing

Learn to work in harmony with others for
optimum results

Part II

Jamaican Expressions

1. Afta tree nuh grow inna mi face

After all I don't have a tree growing in my face

I am not that unattractive that I can't find a partner.

2. Ca-ca faat!

What a surprise

That's incredible!

3. Carry-go bring-come

Carry go, bring come

Gossip

4. **Country come ah town**

Country has come to town

Someone who is not accustomed to city life is now experiencing it.

5. Di place chakka chakka

The place is untidy

The place needs sorting out; the place is in a state of chaos.

6. Doah use im fat fi fry me

Do not use his fat to fry me

Do not judge me because of another person's behaviour.

7. Enough fi stone dawg

Enough to stone a dog

An abundance of something.

8. Feel like Gumbeh drum widout goat kin

Feel like a Gumbeh drum without a goat skin

Feel out of place.

9. Fi me an yuh yeye mek four

Our eyes made four

We made direct eye contact.

10. From mi yeye deh a mi knee

From my eyes were at my knees

From I was very young

11. Fram saltfish a shingle house

From the days when salt fish was being used to shingle houses

Activities that took place a long time ago.

12. Fram Whappy kill Phillup

From the time that Whappy killed Phillup

A long time ago; way back when.

13. Gi laugh fi peas soup

Give laughs for peas soup

Make jokes and enjoy yourself

14. Gi im sponge fi go dry up sea

Give him a sponge to dry up the sea

Give someone an impossible task to perform.

15. Gi yuh a inch yuh tek a mile

I give you an inch and you take a mile

You always want more.

16. Gi yuh basket fi carry water

Give you a basket to carry water

Someone gave you a raw deal.

17. Heng pan nail

Hung on a nail

Tired-looking; disheveled

18. Hell an powdahouse

Hell and powder-house

Extreme hullabaloo

19. Horse dead, cow fat

The horse is dead, the cow is fat

(The person) is talking nonsense.

20. Lawd tek de case an gi me de pillow

Lord, please take the case and give me the pillow

Lord, help me!

21. Long run short ketch

Catch you in the long run

It's only a matter of time before you are caught.

22. Man duppy laugh 'haha', ooman duppy laugh 'kikikeeki /kekekenken

Male ghosts laugh one way, female ghosts laugh another way

Men and women are inherently different.

23. Me an yuh noh plaan gungo ah line

You and I don't plant gungo in adjoining plots.

We don't get on; we are neither friends nor companions.

24. Mi deh ya de look pan yuh, di better one

I am here looking at you, the better one.

I am not as prosperous as you.

25. Me noh barn big

I wasn't born big (as an adult)

I am not a fool; I have life experience.

26. Me noh hab blue boot fi go clime eleben step

I don't have a blue boots to climb eleven steps

I try to avoid situations that could end up in court.

27. Me ole but mi noh cowl

I am old but not cold

I may be old but I can still be of use (I am not dead yet).

28. Mi shame tree dead

My shame tree is dead

I'm not easily embarrassed.

29. Neva si, come si

Never see, come see

Someone who is not accustomed to having nice things suddenly acquires them and makes a public show of it.

30. Poppy show da wol

Poppy shows are in the world

Idiots abound!

31. Puss bruk cocanat inna yuh yeye

Pus broke coconut in your eye

You are quite presumptuous.

32. Room full all full yuh cyaan get a spoonfull

The room is full, you can't get a spoonful

The place is fully occupied.

33. Six ah one, alf a dozen ah de oder

On the one hand there's six and on the other there's half a dozen

Two situations may look different but are essentially the same.

34. So me buy ih, so me sell ih

Just like I bought it, so I sell it

I am telling you the story, exactly as it has been told to me.

35. Soppm inna soppm

Something is in something

There is more to this situation than meets the eye.

36. Suck salt thru wooden spoon

Suck salt through wooden spoon

There is extreme poverty.

37. Tan teddy

Stay steady

Keep steady/calm!

38. Tap yuh naize mek me aise nyam grass

Stop your noise and let my ears eat grass

Be quiet!

39. Tek bad tings mek laugh

Take bad things and laugh at them

The ability to laugh at a bad situation.

40. Water more dan flour

There is more water than flour

Resources are scarce; there is not enough to go round.

41. Yuh barn wen yuh mumma gone ah market

You were born when your mother had gone to the market

You are such a fool.

42. Yuh cawna dark

Your corner is dark

Your prospects aren't looking bright at the moment.

43. Yuh come wid yuh two long han

You came with your two long hands

To arrive empty-handed (not bearing gifts).

44. Yuh freepapa bun

Your free-paper has been burnt

Your free time is over; back to normal activities.

45. Yuh gwine pay fi roas an bwoile

You will pay for roast and boil

You will be punished severely.

46. Yuh jus big an swo-so so

You are just big good for nothing

Big-bodied and lazy.

47. Yuh mean like starapple

You are as mean as a star-apple

You are a very miserly person.

48. Yuh mussi barn backa cow

You must have been born behind a cow

You are absolutely backward and ignorant.

49. Yuh pick, pick, pick till u pick fart

You keep picking until you pick a fart

You examined several options and eventually chose the least attractive.

50. Yuh too red eye

Your eyes are too red

You are just too envious.

51. Yuh wi fine out weh water walk go a pungkin belly

You will find out how water gets into a pumpkin's core

You will discover, in one way or another (often used as a threat).

Part III

Jamaican Folk Songs

1. Banana

Wah oh, banana
Wah oh, banana
Green one, banana
Ripe one, banana

Come we go dung (x2)
Come we go dung ah Solas market
Come we go dung (2)
Fi go buy banana.

Tek out yuh lang lang treadbag
Fi go buy banana (x2)

Come we go dung (x2)
Come we go dung ah Solas market
Come we go dung, fi go buy banana
(Repeat)

Banana
Green one, banana
Ripe one, banana
Lacatan, banana
Gros Michel, banana
Chinese, banana
Robusta, banana
All kind, banana

Come we go dung...

2. Brown Girl in the Ring

Dere's a brown girl in di ring, tra la la la la
A brown girl in di ring tra la la la la la
Dere's a brown girl in di ring tra la la la la
Shi luk lakka sugar an' a plum (Plum Plum)

Show mi yuh motion tra la la la la
Show mi yuh motion tra la la la la la
Show mi yuh motion tra la la la la
Show mi yuh motion tra la la la la la
Shi luk lakka sugar an' a plum (Plum Plum)

Skip across the ocean tra la la la la
Skip across the ocean tra la la la la la
Skip across the ocean tra la la la la
Skip across the ocean tra la la la la la
Shi luk lakka sugar an' a plum (Plum Plum)

Stand before yuh lover tra la la la la
Stand before yuh lover tra la la la la la
Stand before yuh lover tra la la la la
Shi luk lakka sugar an' a plum (Plum Plum)

Dere's a brown girl in di ring tra la la la la
A brown girl in the ring tra la la la la la
Dere's a brown girl in di ring sha la la la la
Shi luk lakka sugar an' a plum (Plum Plum)

3. Chi chi Bud

A Chi chi bud oh!
Some a dem ah holla some a bawl

Chi chi bud oh
Some a conlan; some a dem...
Some a blue foot; some a dem...
Tin tin; some a dem...
Chickman chick; some a dem...
Pea dove; some a dem...
Cling cling; some a dem...
Gawling; some a dem...
Gimme-me bit; some a dem...
Hawk; some a dem...
Some a jankrooo,
Some a dem a holla, some a bawl!

4. Day Oh

Chorus
Day, mi sey day! mi sey day! mi sey day oh!
Day deh light an' me wan' go home (x2)

Come, Missa tally man, tally me banana
Day deh light an' me wan' go home. (Chorus)

Six han', seven han', eight han bunch!
Day deh light an' me wan' go home (x2)
(Chorus)

We load bananas till di early light
Day deh light an' me wan' go home.

Sleep all day and wok all night

Day deh light an' me wan' go home.
(Chorus)

Mi com ya fe wok, mi noh come yah fi igle
Day deh light an' me wan' go home
Mi com ya fi wok, mi noh come yah fi igle
Day deh light an' me wan' go home.
(Chorus)

5. Dinah

Dinah Oh!
All de call mi call, mi call Dinah,
Dinah hear mi but shi wont answa
Sake a di pain ah back mi cyaan limba
An' me have five mile fi go walk.
(Repeat)

6. Dip Dem Bedward

Chorus
Dip dem Bedward, dip dem
Dip dem in di healing stream
Dip dem sweet but not too deep
Dip dem fi cure bad feeling.

(Chorus)

Some come from di nort' with dem face full ah wart
Dip dem in di healing stream
Some come from di sout' with dem big yabba mout'
Dip dem in di healing stream.

(Chorus)

Some come from di eas' lakka real leggo beas'
Dip dem in di healing stream
Some come from di wes' think dem a de bes'
Dip dem in di healing stream.

(Chorus)

7. Evenin' Time (Louise Bennett)

Come Miss Clare
Tek di bankra off yuh head mi dear
Evening breeze ah blow
Come dis way Miss Flo.

Help down yah
Afta yuh no beas' ah burd'n mah
Ress yuhself at ease
Feel di evenin' breeze.

Evenin' time
Work is over now its evenin' time
Wih deh walk pon mountain
Deh walk pan mountain

Deh walk pan mountainside.

Meck we cook wih bickle pan dih way
Meck wih eat an sing
Dance an play ring ding
Pan dih mountain side.

Ketch up dih fire Ma'hta
Pass me dih gungo peas
Rub up dih flour Sarah - Lawd!
Feel di evenin' breeze.

8. Hill an Gully Ride

(Chorus)
Hill an' gully ride oh! hill an' gully (x2)
An' yuh bend dung low dung, hill an' gully (x2)
An yuh betta mine yuh tumble dung, hill an' gully
If yuh tumble dung yuh bruk yuh neck, hill an' gully.

9. Jane and Louisa

Jane and Louisa will soon come home
Soon come home, soon come home
Jane and Louisa will soon come home
Into this beautiful garden.

My love will you 'low me to waltz with you, waltz with you,
waltz with you

My love will you 'low me to waltz with you, into this beautiful garden.

My love will you 'low me to pick a rose, pick a rose, pick a rose
My love will you 'low me to pick a rose,
Into this beautiful garden.

10. Linstead Market

(Chorus)
Carry mi ackee go a Linstead Market
Not a quattie worth sell
Carry me ackee go a Linstead Market
Not a quattie worth sell.

Lawd what a night not a bite
What a Satiday night
(x2)

Everybody come feel up, feel up
Not a quattie worth sell
Everybody come feel up, feel up
Not a quattie worth sell

(Chorus)

Do mi mammy nuh beat mi kill mi
Sake a merry-go-roun'
Do mi mammy don't beat me kill
Sake a merry-go-roun'

(Chorus)

All di pickney dem ah linga linga
Fi weh dem mumma noh bring
All di pickney dem ah linga linga
Fi weh dem mumma noh bring

(Chorus)

11. Liza - Waata Come a mi Yeye

Every time mi memba Liza
Waata come ah mi yeye
Wen mi tink pan mi nice gal Liza
Waata come ah mi yeye.

Come back Liza, come back gal
Wipe di cry fram mi yeye
Come back Liza, come back gal
Wipe di cry fram mi yeye.

12. Lizzy Jane

If yuh falaw dat ole man yuh neva married (x2)
Mr Joe, hole de train an lef Lizzy Jane
So she hallaw, so she puff so she bawl Oh!

13. Long Time Gal

Dis long time gal me never see yuh
Come mek me hold yuh hand
Dis long time gal me never see yuh
Come mek me hold yuh hand.

Peel head John Crow sit up inna tree top a
pick out the blossom
Mek mi hold yuh han, Gal
Mek mi hold yuh han'

Long time gal mi never see yuh
Come mek we walk and talk
Long time gal me never see yuh
Come mek we walk and talk.

Peel head John Crow sit upon di tree top a pick out the
blossom
Mek mi walk an' talk Gal
Mek mi walk an' talk.

Long time gal mi never see yuh
Come mek we wheel an' tun
Long time gal mi never see yuh
Come mek we wheel an' tun.

Peel head John Crow sit up inna tree top a pick out di blossom
Mek we wheel an' tun Gal
Mek we wheel an' tun

14. Manuel Road

Guh dung a Manuel Road gal an' bwoy
Fi go bruk rackstone (gal an' bwoy)
(x2)

Bruk dem one by one (gal an' bwoy)
Bruk dem two by two (gal an' bwoy)
Bruk dem one by three (gal an' bwoy)
Bruk dem two by four (gal an' bwoy)
Bruk dem one by five (gal an' bwoy)

Finger mash noh cry (gal an' bwoy)
Memba ah play we ah play (gal an' bwoy)

Guh dung a Manuel Road gal an' bwoy
Fi go bruk rackstone (gal an' bwoy)

Bruk dem one by one (gal an' bwoy)...

15. Mango Time

Mi nuh drink coffee tea mango time
Care how nice it may be mango time
In the heat of the mango crop
When di fruit dem a ripe an drop
Wash your pot turn dem down mango time

Di terpentine large an fine, mango time
Robin mango so sweet, mango time
Number eleven an' hairy skin

Pack di bankra an' ram dem in
For di bankra mus' full, mango time
Mek wi go ah mango walk, mango time
For is only di talk mango time
Mek wi jump pon di big jackass
Ride im dung an no tap ah pass
Mek di best ah di crop, mango time.

16. Moonshine Tonight

Moon shine tonight come mek we dance an' sing
Moon shine tonight come mek we dance an' sing

Chorus
Mi deh rock so, you deh rock so
Unda banyan tree
Mi deh rock so, you deh rock so
Unda banyan tree

Ladies may curtz and gentlemen may bow
Ladies may curtz and gentlemen may bow

(Chorus)

Come we join hands and mek we dance an' sing
Come we join hands and mek we dance an' sing

(Chorus)

17. Nobody's Business

Chorus
Nobody's business, business
Nobody's business, business
Nobody's business but me own
Nobody's business, business
Nobody's business, business
Nobody's business but me own

Solomon Grundy gone ah Ecuador
Lef' im wife an' pickney out-a-door
Nobody's business but me own
Solomon Grundy gone ah Ecuador
Lef' im wife an' pickney out-a-door
Nobody's business but me own.

(Chorus)

If ah married to a naygaman
An ah lef' 'im for a chinaman
Nobody's business but me own
If ah married to a naygaman
An ah lef' 'im for a chinaman
Nobody's business but me own.

(Chorus)

18. Sammy Dead Oh!

Sammy plant piece a carn dung ah gully, hm mm
an ih bear till ih kill poah Sammy, hm.mm

Sammy dead, Sammy dead, Sammy dead oh! Hm mm
Sammy dead, Sammy dead, Sammy dead oh! Hm, mm.

Ah nuh tief Sammy tief mek dem kill im, hm mm (x2)
But a grudgeful, yes a grudgeful mek dem kill im, hm mm (x2)

Neighbour cyan bear fi si neighbour flourish, hm mm (x2)
Sammy dead, Sammy dead, Sammy dead oh! Hm mm (x2)

19. Shine Yeye Gyal

A shine yeye gyal is a trubble to a man (x3)
Shi want an' shi waan an' shi want everyting

Har lip fava libba an' shi waan lipstick (x3)
Shi want an' she waan an' she want everyting

Har waist fava wire an' shi waan broad belt (x3)
Shi waan an shi want an shi want everyting.

(Repeat 1st verse)

20. Under the Coconut Tree

It was under di coconut tree, darling
It was under di coconut tree
You promised to marry to me darling
It was under di coconut tree.

Let's go under di coconut tree, darling
Let's go under di coconut tree
'twas dere dat you promised your love, darling
Let's go under di coconut tree.

GLOSSARY

Afi– has/have to
Agaen – again
Ah – at/it is
Ah fi – it belongs to
Ah good – serves you right
Ahoa - Oh
Aise – ears
Alms ouse – nonsense
Anansi – spider
Anodda – another
Ar – her
Av – have
Ax – ask
Baaskit – basket
Backa – behind
Backle – bottle
Bad mout –speak ill of
Bad mine – jealous/ grudgeful
Bakansa – sharp answer
Bafan – clumsy/awkward
Bandoolu –dishonest
Bangarang – disturbance/noise
Bankra – big basket
Barn – born
Bat – moth
Battam – bottom
Beanie – small
Befoe – before
Ben de – was/were
Berry – very
Bex – upset/angry
Bickle – food
Bickle – food
Big and so-so-so – big-bodied & lazy
Bline – blind
Brawta – extra
Breda – brother
Breshé – breadfruit
Bruk – break/broke
Bud – bird
Bun – burn
Bun – burn
Buss - burst
Bwile – boil
Bwoy – boy
Cackroach – cockroach
Carry-go bring-come – gossip
Cawna – corner
Chowziz – pants
Chuck – truck
Chupid – stupid
Cliding – cloying
Cobich – mean/stingy
Coco – cocoa
Com yah – come here
Coodeh – look at that
Craben – craven
Crakup - laugh
Cratch – scratch

Crawny – look
Awful/unwell
Crawses – problematic situation/person
Cruff – untidy/ unambitious
Cry-cry – cries easily
Cumbulo – peers
Cumfat - comfort
Cunnyman – conman
Cunue – canoe
Cuss – to quarrel
Cuss-cuss – quarrel
Cut yeye – to look at someone in disdain
Cuya – look at this
Cyaan – cannot
Dan – than
Danki – donkey
Dat – that
Dawg – dog
De - the
Deble – devil
Ded lef – inheritance
Dégé dégé – only
Deh – there/is
Deh deh – is there
De bout – around/nearby
Dem – them
Di – the
Diay – day
Doah – door
Doan – don't
Dongkia – carefree
Doze – those
Dress back – step back/reverse
Dung – down
Duont it? – isn't that so?
Duppy – ghost
Dut – earth/soil
Dutty – dirty
Dweet – do it
Ebery – every
Ih – it
Ih-he – yes
Ef - if
Ef a so, a so – so be it
Facety – feisty/saucy
Fah – for
Fall dung – fall
Fallaw – follow
Fala bak a mi – follow me
Fambily – family
Farrid – forehead
Fass – inquisitive
Fasser - faster
Fedda – feather
Fenké fenké – slight/weak
Fi – for/to
Fiah – fire
Firetick – fire-stick
Fiwi – ours
Flim – film
Fluxy – flaccid/squashy
Fool-fool – silly/stupid

Foot bottam – sole of the foot
Force ripe – unnaturally mature
Frak tail – hemline
Frouzi – smelly
Fur – far
Gaah farin – go abroad
Gahlang – go on
Gastu – must
Get chruu –succeed
Ghana – gone to
Ginal – trickster/ dishonest person
Gi a six fi a nain – deceive
Goh – go
Goh dung – go down
Gonna – going to...
Gravalicious – greedy
Grung – ground/ cultivated field
Guweh – go away
Gwaan – go on
Gwine – going to
Gyal – girl
Haad – hard
Hab – has/have
Hackle – hassle/bother
Haffi – have/has to
Halla – holler/cry out loudly
Han – hand
Han middle – palm
Hat - painful
Hea - hear
Head top – crown of the head
Hebby – heavy
Heng – hang
Henka – hanging around for food
Hitey titey – snobbish
Hush – be comforted
Ih – It
Ih-ih – no
Im – him
Inna – in /into
Jankro – vulture/crow
Jankro Batty – unpurified white rum
Jing-bang – lots of useless items
Jook – pierce/poke
Jrap fut – to dance
Juck - pierce
Junjo – mould
Kak op – to raise
Keba – cover
Kekkle – kettle/ pot
Ketch – catch/caught
Kibba - cover
Kin pupalick – to do a somersault
Kin teet – grin
Kot ten – to sit with legs crossed
Krai kree – to call time-out
Krismus – Christmas

Kuh ya – look here
Kumoochin – mean/stingy
Kuul-yu-fut – relax
Kya – care
Labba labba – gossip
Laffi-laffi – giggly
Laka se - as if
Lang – long
Langa – longer
Larn – learn
Lenky – lanky
Lib – live
Libati tekin –
Presumptious attitude
Libba – liver
Lick - hit
Licky licky – suck
up to/greedy
Likkle – little
Lilly – little
Limba – limber
Lob – love
Lyad – liar
Ma – mother/madam
Macca – thorn
Mada – mother
Maggige – maggot
Mannas – manners
Mash up – destroy/break up
Maskitta – mosquito
Massa – mister
Mawga – meagre /malnourished
Meja - measure
Mek – make
Memba – remember
Mi – me
Miehke-miehke –
messy/distasteful
Mikhase – hurry up
Mout – mouth
Mout-a-massy – someone
who talks too much
Mucky – filthy
Mumma – mother
Munstah – monster
Mussi – must
Muss-muss – mouse
Naah – not going to
Nebber – never
Nize – noise
Noh – does not
Nowey - nowhere
Nuff – plenty/brazen
Nutten – nothing
Nutting – nothing
Nyam – eat
Oddah – other
Ooman – woman
Outa haada – rude/impudent
Out fi – about to
Owna – owner
Packi - vessel made
from a gourd
Pan – on
Passa passa – mix up
Patoo – owl
PawPaw – papaya
Peenywally – firefly

Peteta – potato
Pickney – young child
Picky-picky – choosey/sparse
Poah – poor
Poppyshow – laughable/show off
Pread – spread
Prekeh – one who thinks much of himself but is in fact a laughing stock
Pupa – father
Pushi – push it
Puss – cat
Putto-putto – soft
Puttus – sweetheart
Pwoil – spoil
Pyaa-pyaa – sickly/feeble
Quint – blink
Ramp – play
Red yeye – envious
Renk – foul smell/rude
Rivva – river
Roun – around
Run a boat – informal cooking
Sa – sir
Sabe – save
Saggle – saddle
Sake a – because of
Seame weigh – just like that
Sarry – sorry
Seh feh – dare me
Shaat – short
Shaata – shorter
Shedda – shadow
Sheg up – to disappoint
Shi – she
Shuub – shove/push
Si – see
Siddong – sit down
Sinting – something
Slackniss – lewd/ vulgar behaviour
Sleep up – coagulate
Smaddy – somebody
Soppm – something
Sopsy – weak/ soft/puny
Spirit tek – have an affinity with
Stranja – stranger
Stush – snobbish
Se-se – gossip
Su-su – to gossip
Swallaw – swallow
Stush – snobbish
Su-su – carry news/gossip
Swo-so – mediocre
Tallawah – impressive
Tan – stand/stay/is
Tan deh – stay there
Tan up – stand up
Tap – Stop/top
Tea – any hot drink
Teddy – steady
Tegereg – person of no class/uncouth
Tek – take

Tenk yuh – thank you
Tick – stick
Ticker – thicker
Ticky ticky – young children/fish
Tideh – today
Ting – thing
Togeda – together
Trampooz – to walk about
Trow – throw
Trubble – trouble
Tun – turn
Uhnu – you all
Umhm – yes
Waagen? – what else?
Waah - want
Wah – what
Wallah – wallow
Warra warra – (used instead of a curseword)
Wash – sugar &
Water mixed
Weh – where/away
Wha – what
Wha-ah gwaan – what's happening?
Wha mek –why
Whappen – what's up?
Wi – we
Wid – with
Wingy – small/feeble
Wod – word
Woss – worse/worst
Wosser – worse
Wuk – work
Wukliss –worthless
Yah - here
Yasso – here
Yeye – eye
Yout – youth
Yuh – you

www.ingramcontent.com/pod-product-compliance
Ingram Content Group UK Ltd.
Pitfield, Milton Keynes, MK11 3LW, UK
UKHW020238250726
13967UKWH00001B/439

9 781471 688829